PRESIDENT IBRAHIM TRAORE ET LA DESTINEE DE SON PEUPLE

SOUTENONS LE BURKINA FASO

PRESIDENT IBRAHIM TRAORE ET LA DESTINEE DE SON PEUPLE

SOUTENONS LE BURKINA FASO

Dr. François Adja Assemien

Copyright © 2023 by Dr. François Adja Assemien.

All rights reserved. No part of this book may be reproduced in any form or by any electronic or mechanical means, including information storage and retrieval systems, without permission in writing from the author and publisher, except by reviewers, who may quote brief passages in a review.

ISBN: 978-1-961096-72-1 (Paperback Edition)
ISBN: 978-1-961096-73-8 (Hardcover Edition)
ISBN: 978-1-961096-71-4 (E-book Edition)

Book Ordering Information

The Regency Publishers, US
521 5th Ave 17th floor NY, NY10175
Phone Number: (315)537-3088 ext 1007
Email: info@theregencypublishers.com
www.theregencypublishers.com

Printed in the United States of America

Sommaire

Du Même Auteur vii
Introduction xi
1 L'avant Haute-Volta: Humanisme, Politique Et Morale 1
2 La Haute-Volta : Révolution Coloniale 7
3 L'après Haute-Volta : Révolution Patriotique 11
4 L'après Burkina-Faso : Révolution Néo-Coloniale 17
Conclusion 25
Résumé du livre 33
Biographie De L'auteur 35

Du Même Auteur

Les Rebelles Africains, roman, Edilivre, 2016
Les Règles d'or du bonheur, du succès, de la santé et du salut personnel, Edilivre, 2016
Introduction à la philocure, essai, Edilivre, 2016
L'Afrique interdite, roman, Edilivre, 2016
Le Monde ne vaut rien, essai, Edilivre, 2016
La Côte d'Ivoire a mal, essai, Edilivre, 2018
Président Donald Trump et les Africains, essai, Edilivre, 2020
L'Art de vivre en Amérique, guide, Edilivre, 2019
Education morale et spirituelle, manuel, Edilivre, 2016
La Conscience Africaine, essai, Edilivre, 2016
Thomas Sankara comme Thomas More et Socrate, essai, 2020
Ahikaba, roman, Mary Bro Foundation Publishing London, 2018
Code électoral, satire, Black Star, 1995
Portrait du bon et du mauvais électeur, du bon et du mauvais candidat, Black Stars, essai, 2000
La Côte d'Ivoire et ses étrangers, essai, Black Stars, 2002
La Pensée politique pour sauver la Côte d'Ivoire, Afro Stars, 2003
Le Guide africain de philosophie, de sciences humaines et d'humanisme, Abidjan, 1985
L'Afrocratisme, essai, Afro-Stars, 2003
The Current slavery in Africa, essay, Global Summit House, 2000
Corona Virus, essay, Global Summit House, 2000
Let's save humanity and life, Global Summit House, 2021

La Puisance des femmes américaines, essai, GoldTouch Press, 2021
The Power of American women, essay, GoldTouch Press, 2021
Philosophy about life, essay, Global Summit House, 2021
La Philosophie de l'esprit africain, essai, L'Harmattan, 2021
America is Paradise, essay, Author's Note, 360, 2021
Le Mali de Assimi Goïta et la révolution africaine, essai, Great Writers Media, 2022
La Philosophie de la puissance américaine, essai, The Regency Publishers, 2023
Les Buts et les dangers des vaccins covid, essai, The Regency Publishers, 2023
L'homme supérieur et l'homme inférieur, essai, The Regency Publishers, 2023
La Philosophie de l'amour, essai, The Regency Publishers, 2023
La Volonté de bonheur, essai, The Regency Pblishers, 2023
The Will of Happiness, essay, The Regency Publishers, 2023
La Philosophie de la Faiblesse et de la Folie, essai, The Regency Publishers, 2023

Je dédie ce livre

A

Son Excellence Ibrahim Traoré
(Président du Burkina Faso)

A

Sa Majesté, Mogho Naba
(Empereur des Mossis)

A

La mémoire de Thomas Sankara

A

La mémoire de Joseph Ki-Zerbo

Introduction

Contrairement à beaucoup de pays africains qui n'ont pas connu de mutations spectaculaires au cours de leur histoire, le Burkina Faso a une histoire dramatique. Son histoire est un mouvement en dents de scie (dialectique politico-axiologique). Cela est complexe, intrigant et bouleversant. Il y a eu successivement l'avant Haute-Volta, la Haute-Volta, l'après Haute-Volta (Burkina Faso) puis l'après Burkina Faso. Chaque étape de cette évolution comporte des valeurs. Nous devons savoir les caractéristiques marquantes de toutes les étapes. Quelle sera la suite de ce processus de bouleversement et d'évolution dialectique avec l'arrivée au pouvoir du capitaine Ibrahim Traoré ?

L'avant Haute-Volta est caractérisé par un système de valeurs propres à l'ordre socio-politique africain (traditionnel). Il s'agit de la monarchie et de la chefferie typiquement africaines datant de deux mille ans avant Jésus Christ. Transformé plus tard en Haute-Volta (1919), c'est-à-dire en enclos colonial par la France, ce territoire a été défiguré et aliéné. Il est dominé, occupé et exploité injustement et de force. Ainsi la Haute-Volta est un produit (ou résultat) de la révolution coloniale (violence, arbitraire). C'est un système de valeurs ou contre-valeurs qui a supplanté le système de valeurs africain (précolonial). Comme l'évolution poursuit son cours historique, la Haute-Volta a subi un petit bouleversement passager. Grâce à la volonté politique d'un individu, la Haute-Volta s'est transformée en Burkina Faso. Il s'agit du capitaine Thomas Isidore Noël Sankara. C'est la révolution exceptionnelle des militaires agissant en patriotes exemplaires. Mais la dialectique axiologico-politique a eu très vite raison du Burkina Faso. C'est ainsi qu'on peut parler de l'après Burkina Faso. Le Burkina Faso a été tué et enterré avec son créateur, Thomas Sankara. Un beau rêve s'est brisé. Un idéal (système de valeurs, vision de la vie et du monde) s'est évaporé. La dialectique politique et historique a remis la Haute-Volta en place. Mais est-ce tout ? Et après ? La Haute-Volta sera-t-elle éternelle comme la fin de l'histoire ?

Que nous réservent la prise et l'exercice du pouvoir d'Etat par le capitaine Ibrahim Traoré ? Y aura-t-il un retour du Burkina Faso, c'est-à-dire le sankarisme ou bien quelque chose d'autre, comme ibrahimisme ? Wait and see.

1

L'avant Haute-Volta: Humanisme, Politique Et Morale

L'avant Haute-Volta était-il un enfer ou un paradis ? De quoi est-il fait ? Cette question concerne tous les pays africains. Nous prenons la Haute-Volta comme échantillon. L'avant Haute-Volta est le passé de la Haute-Volta, un pays africain. C'est le passeé des peuples africains dignes qui se nomment Mossi, Gourounsi, Gourmantché, Foulani, Samo, Sahel, Sénoufo…L'avant Haute-Volta est une société habitée par des peuples libres et indépendants vivant dans l'Ouest de l'Afrique et ayant pour voisins les peuples de la Côte d'Ivoire, du Mali, de la Guinée, du Niger, du Bénin, du Togo, du Ghana. Les peuples de l'avant Haute-Volta avaient leurs cultures propres. Etudions particulièrement le groupe mossi. Quelle est sa philosophie politico-morale ? Quelle est sa conception de l'homme, de la vie et de la société ? Toute société est organisée et structurée par des institutions et des règles. Elle est gouvernée par des humains. Quelle est la façon dont les Mossi ont organisé, structuré et gouverné leur pays ? Quel est leur système politique ? (étude de l'autorité chez les Mossi).

Le pays mossi est composé de quatre royaumes : ce sont les royaumes de Yatenga, de Fada Ngourma, de Ouagadougou et de Tenkodogo. Ils ont un ancêtre commun : Ouedraogo. Ils forment une nation ou un empire. L'empereur s'appelle Mogho Naba. Ce nom composé signifie chef du pays mossi. C'est aussi le titre du Souverain du royaume de Ouagadougou. Parlons de la fonction politique chez les Mossi. Les Mossi avaient une conception mystique de la fonction politique. Le Souverain mossi possède ce que l'on appelle le Nam. C'est le pouvoir suprême, la force divine qui permet à un homme de contrôler un autre. C'est le nam qui confère l'autorité politique. C'est le droit légitime de commander. Les possesseurs du nam étaient respectés, obéis et obtenaient de nombreux avantages. Dès qu'ils le perdaient, ils redevenaient des citoyens ordinaires. La possession du nam par un Mossi ordinaire conferait à celui-ci, à toutes fins pratiques, le statut de noble. Le nam était, pour toutes ces raisons, vivement recherché par les Mossi. En effet, non seulement conferait-il statut, respect, dignité et des avantages matériels, mais encore permettait-il au possesseur de se rapprocher des ancêtres, de Wende (Dieu). Chef de son groupe lignager, le détenteur du nam servait d'intermédiaire entre les ancêtres et les membres vivants de son groupe. Il faisait les sacrifices nécessaires pour le bien-être de sa communauté. En réalité, le nam permettait à un individu d'augmenter sa force vitale. Le possesseur du nam était appelé baba (père) parce qu'étant plus proche des ancêtres, il servait de père et d'intermédiaire entre ceux-ci et les vivants.

Quelles sont les activités du gouvernement ? Les activités du gouvernement mossi peuvent se résumer en six fonctions principales: maintien de l'ordre, justice, défense, impôt, redistribution et religion. Maintenir l'ordre dans son territoire était la tâche première de tout chef mossi. C'était une tâche politique, religieuse et sociale. Pour les Mossi, le désordre offensait les ancêtres et semait le désaccord entre les groupes sociaux et on ne pouvait gérer d'une manière saine les affaires de la communauté dans un tel état. Rendre la justice était l'une des fonctions que devait accomplir tout chef politique mossi. Il avait une cour où il jugeait les cas qui lui étaient présentés. Le prestige et la réputation d'un chef dépendaient en grande partie de la manière dont il rendait la justice. Le chef idéal était juste, impartial. Si, cependant, le chef semblait injuste, les gouvernés commençaient d'abord à porter leurs cas en appel, à une cour supérieure, jusqu'au Mogho Naba. Par la suite, ils cessaient purement et simplement de lui porter leurs cas à juger, ce qui le privait de revenus substantiels mais aussi et surtout portait un coup sérieux à sa réputation. Le chef mossi devait non seulement être juste et rendre correctement la justice, mais il avait aussi le devoir de défendre sa communauté contre tous dangers extérieurs. Ainsi les Mossi ont résisté à tout contrôle étranger jusqu'en 1896, date de la pénétration française. Les Mossi ne disposaient pas d'une armée permanente. Tout Mossi était un combattant potentiel.

Un trait caractéristique de la royauté mossi qui mérite d'être souligné ici est qu'il n'y avait pas de séparation de pouvoir chez les Mossi. Les pouvoirs législatif, exécutif et judiciaire étaient généralement investis dans la même personne. Le principe de gouvernement retenu par les Mossi était la delegation d'autorite. Cette delegation était totale. Une seule personne jouissait des pouvoirs administratif, judiciaire, militaire, religieux etc.

La Conception De L'état

Les Mossi conçoivent l'Etat comme une grande famille. C'est la plus grande famille sur leur territoire. Une famille occupe une portion de terre, se perpétue et est dirigée par un chef qui pourvoie aux besoins des membres de sa famille. Le chef de famille exerce un pouvoir suprême sur sa famille (souveraineté de l'Etat). Les gouvernants étaient perçus comme des pères de famille, le roi étant le père de toutes les familles. Tout chef mossi était un baba (père, papa). Ici, il ne s'agit pas du paternalisme mais plutôt de l'obligation et de la responsabilité du gouvernement (père) à pourvoir le bien-être à son peuple (ses enfants). Entre les différents royaumes africains, il n'y avait pas de problème territorial ni de frontière. Les problèmes de frontière sont apparus plus tard, en Afrique, avec la colonisation (indépendance des années 1960). Le but de l'Etat, chez les Mossi, était de permettre aux hommes de bien vivre ensemble. Il consistait également en la conservation et en la continuité de la vie. La vie de l'individu ne se concevait que rattachée à celle du groupe dont il était issu. Son sort était au départ étroitement lié à celui de la collectivité. Il avait besoin du groupe pour augmenter son potentiel vital et en l'augmentant, il accroissait celui du groupe. L'Etat existait donc pour servir de cadre de développement et à la perpétuation de la famille, du lignage, du clan, de la tribu. Le rôle principal du chef de l'Etat était d'assurer ce développement. Sa tâche était ainsi très difficile car il était responsable devant l'Etre suprême et les ancêtres, de tous les membres de cette grande famille que constituait l'Etat.

Le peuple et son rôle dans l'Etat

Contrairement à certains peuples (les Grecs et les Romains antiques) qui excluaient les étrangers et les esclaves de la vie publique ou politique, le peuple mossi a intégré ses étrangers et ses esclaves dans sa vie publique et politique. Tout le monde était citoyen dans la nation mossi. Pas de différenciation ni d'exclusion. Pas de caste non plus. Le peuple mossi est un peuple très hospitalier et humain. Pour les Mossi comme pour Aristote, le but de l'Etat est le bonheur des citoyens, c'est-à-dire du peuple. Et le bonheur est basé sur l'exercice des vertus d'honnêteté, de courage, de prudence et de justice. Ces qualités rendent nécessairement l'Etat et tout le monde heureux. Le citoyen doit mener une vie active. Il doit participer aux affaires de la communauté. Il est le reflet de la communauté. Il est responsable de la communauté et la communauté est responsable de lui (responsabilité sociale mutuelle). Pour les Mossi, tous les membres du groupe sont fondamentalement identiques (identité substantielle). Ainsi le malheur d'un individu est le malheur de tout le groupe. Cela est ressenti par tout le monde. Les différences de richesses et de rang social ne constituent pas par conséquent des barrières entre les membres de la communauté. Sur la base de la responsabilité sociale mutuelle, l'individu doit fournir l'effort et le travail nécessaires pour réaliser la prospérité de la communauté (coopération de tous). Le bonheur de chacun dépend du bonheur du groupe. Si le groupe est malheureux, l'individu est malheureux. Cela est très visible au niveau des lignages. Cela fonde la solidarité familiale et lignagère qui était enseignée aux enfants chez les Mossi. La responsabilité sociale mutuelle s'apprenait très tôt. Au niveau de la famille, chaque membre apprenait que la survie de celle-ci dépendait de tous. Elle disparaîtrait si les membres ne sont pas solidaires les uns des autres. Elle s'apprenait aussi au niveau du lignage. C'est à ce niveau que la conduite du jeune Mossi était jugée bonne ou mauvaise selon qu'elle était bénéfique ou nuisible au lignage. La solidarité et la responsabilité vis-à-vis de la collectivité s'apprenaient aussi en d'autres occasions, au cours de la vie de l'individu , notamment dans les périodes d'initiation qui concernait aussi bien les garçons que les filles. Voilà deux principes africains (solidarité et responsabilité vis-à-vis du groupe) qui pourraient beaucoup aider les Africains d'aujourd'hui à créer facilement et légitimement les Etats-Unis d'Afrique (fondement du panafricanisme).

Nous pouvons dire que la nation ou l'empire mossi est la clé qui peut permettre de créer les Etats-Unis d'Afrique. L'empire mossi constitue un modèle à prendre absolument en compte par les combattants et les patriotes panafricanistes qui cherchent un idéal politique. En vue de la renaissance de l'Afrique, nous avons conçu un système politique qui complète le modèle mossi. Il est dénommé la Paysanocratie. Nous préconisons deux révolutions pour résoudre définitivement le problème politique de l'Afrique actuelle : la première s'intitule la Révolution Locale et la seconde la

Révolution Continentale. La Révolution consistera à transformer chaque Etat- nation africain en royaume ou en communauté d'ethnies consensuelle et indépendante. Ainsi le Burkina Faso créera sa communauté d'ethnies souveraine qui sera dirigée par un roi suprême élu au tirage au sort par l'ensemble des rois et chefs traditionnels pour un mandat de cinq ans non renouvelable. Cette communauté d'ethnies sera gouvernée selon les règles traditionnelles africaines. Par la suite, l'ensemble des communautés ethniques formeront une Fédération Continentale ou Communauté Ethnique Continentale. Ce sera un très grand empire dirigé par un roi suprême (empereur) élu au tirage au sort par tous les rois et chefs traditionnels. Il aura un mandat de cinq ans non renouvelable. Cela constitue la Révolution Continentale, c'est-à-dire la création des Etats-Unis d'Afrique. Telle est notre formule du panafricanisme comme philosophie et morale politiques (voir notre ouvrage intitulé « L'Afrocratisme contre le nouvel ordre mondial »). Ce système de gouvernement pour la libération, le développement et la renaissance de l'Afrique s'appelle l'Afrocratie ou la Paysanocratie. Il s'oppose au modèle néocolonial et impérialiste actuel que nous appelons l'Intellectocratie occidentalocentrique. Ce pouvoir barbare, illégitime, cynique, inadapté de nos intellectuels officiels est génocidaire, aliénant, oppressif et criminel. Il est contre la dignité, la liberté, la prospérité, le développement et le bonheur des Africains. Nous devons donc le remplacer impérativement par la Paysanocratie, vraie république, vraie démocratie. Mettons rapidement fin à ce système (balkanisation, Etats unitaires, jacobins) des enclos ou prisons coloniales basé sur la charte de l'impérialisme et le pacte colonial diaboliques.

2

La Haute Volta : Révolution Coloniale

La Haute-Volta est le résultat de la révolution coloniale française. C'est un produit de l'impérialisme et de la prédation coloniale. Comme telle, la Haute-Volta est opposée au système de l'avant Haute-Volta. Le système voltaïque est l'effet de la balkanisation et de la destruction de l'Afrique. C'est un changement malencontreux et malheureux de pouvoir, d'ordre et de civilisation. C'est un bouleversement total de nos valeurs et de notre histoire africaines. C'est une catastrophe historique qui a vu l'invasion de cette partie de l'Afrique par l'Europe impérialiste, la bête blonde et l'oiseau de proie. La Haute-Volta est une révolution comme violence faite par l'Occident pour ses intérêts. C'est un crime contre l'humanité si nous adoptons la morale ascétique. C'est un avatar de l'esclavage (la Traite négrière). C'est une somme de violences, d'injustices, d'arbitraires, de frustrations, de souffrances, de misères et de malheurs. C'est la déshumanisation des Noirs, la négation de tous les droits aux Africains.

Ainsi la France (Europe) a mis en place, sur le territoire qu'elle a baptisé la Haute-Volta, un système global de domination, d'oppression, d'exploitation. Elle appelle cela Etat et république. C'est en réalité un Etat unitaire, jacobin, centralisé, colonial. Un Etat-nation. Les intrigues et les mic-macs qui s'y déroulent s'appellent la Françafrique. La Haute-Volta fonctionne sur la base de la charte de l'impérialisme et du Contrat colonial, qui sont deux crimes contre l'humanité. Dans la Haute-Volta, comme système géopolitique, tout ce qui existe sur le territoire ainsi baptisé, appartient exclusivement à la France, à l'Occident prédateur (voir la charte de l'impérialisme et le pacte colonial). Rien n'appartient aux Africains qui vivent sur ce territoire. Tous les biens, toutes les richesses humaines et naturelles sont à la France avec ses alliés impérialistes. Celle-ci met ses gouverneurs à la peau noire à la tête de ce pays. C'est par eux qu'elle gouverne, exploite, opprime, massacre les Noirs, vole et pille l'économie du pays qu'elle occupe militairement . Par toutes sortes de complots et de combines, la France remplace un gouverneur (Président) inefficace ou « indiscipliné » par un autre, grâce à des coups d'Etat ou à des assassinats. Elle applique cette méthode cynique et machiavélique dans l'ensemble de ses ex-colonies. Lisons ici le très célèbre Contrat colonial, c'est-à-dire les accords secrets qui lient la France à ses ex-colonies africaines (rapport de maître à esclave).

1. La dette coloniale pour remboursement des bénéfices de la colonisation : les Etats nouvellement indépendants doivent rembourser le coût des infrastructures construites par la France pendant la colonisation. Combien ? Mystère.
2. La confiscation automatique des réserves financières nationales. Les pays africains doivent déposer leurs réserves financières auprès de la Banque de France. Ainsi la France « garde » les réserves financières de quatorze pays africains depuis 1961.
3. Le droit de premier refus sur toute ressource brute ou naturelle découverte dans le pays. La France a le premier droit d'achat des ressources naturelles de la terre de ses ex-colonies. Ce n'est qu'après que la France ait dit : « Je ne

suis pas intéressée », que les pays africains sont autorisés à chercher d'autres partenaires.
4. Priorité aux entreprises françaises dans les marchés publics et appels d'offres publics. Dans l'attribution des marchés publics, les entreprises françaises ont la priorité sur l'attribution. Même si les pays africains peuvent obtenir un meilleur rapport qualité-prix ailleurs. En conséquence, dans la plupart des ex-colonies françaises, tous les leviers économiques des pays sont entre les mains des expatriés français.
5. Droit exclusif de fournir des équipements militaires et de former les officiers des colonies.
6. Le droit pour la France de déployer des troupes et d'intervenir militairement dans le pays pour défendre ses intérêts. En vertu de ce qu'on appelle « les accords de défense » attachés au pacte colonial, la France a le droit d'intervenir militairement dans les pays africains et, aussi, de stationner des troupes en permanence dans les bases et installations militaires, entièrement gérées par les Français.
7. L'obligation de faire du français la langue officielle du pays et la langue pour l'éducation. Une organisation de la langue française et de la diffusion de la culture française a même été créée. Elle s'appelle la « Francophonie » et possède plusieurs organisations satellites. Ces organisations sont affiliées et contrôlées par le ministre français des affaires étrangères.
8. L'obligation d'utiliser le franc CFA (franc des colonies françaises d'Afrique). Bien que ce système ne soit pas partagé par l'Union européenne, les colonies françaises sont contraintes d'utiliser exclusivement le FCFA.
9. L'obligation d'envoyer en France un bilan annuel et un rapport d'Etat des réserves. Pas de rapport, pas d'argent. Le directeur des banques centrales des ex-colonies présente ledit rapport lors des réunions bisannuelles des ministres des Finances sur les ex-colonies. Ce rapport est ensuite compilé par la Banque de France et le Trésor français.

10. Renoncer à toute alliance militaire avec d'autres pays, sauf autorisation de la France.
11. L'obligation de s'allier avec la France en cas de guerre ou de crise mondiale. Plus d'un million de soldats africains ont combattu pour la défaite du nazisme et du fascisme au cours de la Seconde Guerre mondiale.

3

L'après Haute-Volta : Révolution Patriotique

L'après Haute-Volta a été marqué par une révolution patriotique. Cette révolution a été initiée et dirigée par le brave capitaine Thomas Isidore Noël Sankara. Celui-ci a changé le nom du pays. Il a donné une nouvelle identité à son pays. La Haute-Volta est devenue le Burkina Faso. Ce concept porte un idéal très élevé. C'est la rupture totale avec l'ordre colonial et néocolonial. Le révolutionnaire Sankara a voulu créer un ordre et un régime sociopolitique justes et indépendants du système occidentalocentrique. Il a voulu un pays très heureux avec des dirigeants intègres, libres, patriotes, très dignes . Il a voulu un pays qui ne soit plus dominé, contrôlé, exploité, pillé, dirigé par la France. Il a voulu mettre fin à la françafrique, c'est-à-dire à l'injustice, à l'arbitraire, à la barbarie, au cynisme, à l'insulte, à la prédation et au mépris dont sont victimes son pays et ses habitants. Il a voulu arracher son pays à l'impérialisme franco-occidental. Il a combattu ainsi le racisme, l'hégémonie et la prédation monstrueux que subissait son pays. Avec courage, opiniâtreté et intrépidité, il a affronté la France et a essayé de déchirer le terrible contrat colonial que les politiciens voltaïques ont toujours respecté religieusement et appliqué au grand bonheur de la France. Thomas Sankara s'est mis à déconstruire et à reconstruire son pays. Il a voulu transformer l'enclos colonial voltaïque en paradis terrestre. Son slogan ou devise était : « La patrie ou la mort, nous vaincrons ». Il a pris la direction de la contestation africaine patriotique. Alors le Burkina Faso était devenu l'ennemi principal de la Françafrique, du pacte colonial, de la Traite négrière, du néocolonialisme et de l'impérialisme occidentaux. Lisons ici un discours patriotique du révolutionnaire burkinabè qui en dit long. « Je parle au nom de ces millions d'êtres qui sont dans les ghettos parce qu'ils ont la peau noire ou qu'ils sont de culture différente et bénéficient d'un statut à peine supérieur à celui d'un animal. Je souffre au nom des Indiens massacrés, écrasés, humiliés et confinés depuis des siècles dans des réserves afin qu'ils n'espèrent à aucun droit et que leur culture ne puisse s'enrichir en convolant en noces heureuses au contact d'autres cultures, y compris celle de l'envahisseur. Je m'exclame au nom des chômeurs d'un système structurellement injuste et conjoncturellement désaxé, réduits à ne percevoir de la vie que le reflet de celle des plus nantis. Je parle au nom des femmes du monde entier, qui souffrent d'un système d'exploitation imposé par les mâles. Pour ce qui nous concerne, nous sommes prêts à accueillir toutes les suggestions du monde entier, nous permettant de parvenir à l'épanouissement total de la femme burkinabè. En retour, nous donnons en partage, à tous les pays, l'expérience positive que nous entreprenons avec des femmes désormais présentes à tous les échelons de l'appareil de l'Etat et de la vie sociale au Burkina Faso.

Je parle au nom des mères de nos pays démunis, qui voient mourir leurs enfants de paludisme ou de diarrhée, ignorant qu'il existe, pour les sauver, des moyens simples que la science des multinationales ne leur offre pas, préférant investir dans les laboratoires de cosmétiques et dans la chirurgie esthétique pour les caprices de quelques femmes ou d'hommes dont la coquetterie est menacée par les excès de calories de leurs repas trop riches et d'une régularité à vous donner, non, plutôt à nous donner, à nous autres du Sahel, le vertige. Ces moyens simples, recommandés par l'O.M.S. et l'U.N.I.C.E.F., nous avons décidé de les adopter et de les populariser.

Je parle aussi au nom de l'enfant. L'enfant du pauvre, qui a faim et qui louche furtivement vers l'abondance amoncelée dans une boutique pour riches. La boutique protégée par une vitre épaisse. La vitre défendue par une grille infranchissable. Et la grille gardée par un policier casqué, ganté et armé de matraque. Ce policier, placé là par le père d'un autre enfant qui viendra se servir ou plutôt se faire servir parce que présentant toutes les garanties de représentativité et de normes capitalistiques du système. Je parle au nom des artistes (poètes, peintres, sculpteurs, musiciens, acteurs), hommes de bien qui voient leur art se prostituer pour l'alchimie des prestidigitations du show-business. Je parle au nom des journalistes qui sont réduits soit au silence, soit au mensonge pour ne pas subir les dures lois du chômage.

Nous sentons sur notre joue tout coup donné à n'importe quel homme de ce monde. Mon pays est un concentré de tous les malheurs des peuples, une synthèse douloureuse de toutes les souffrances de l'humanité, mais aussi et surtout des espérances de nos luttes. C'est pourquoi je vibre naturellement au nom des malades qui scrutent avec anxiété les horizons d'une science accaparée par les marchands de canons. Mes pensées vont à tous ceux qui sont touchés par la destruction de la nature et à ces trente millions qui vont mourir comme chaque année, abattus par la redoutable arme de la faim.

Militaire, je ne peux oublier ce soldat obéissant aux ordres, le doigt sur la détente, et qui sait que la balle qui va partir ne porte que le message de la mort. Enfin, je veux m'indigner en pensant aux Palestiniens qu'une humanité inhumaine a choisi de substituer à un autre peuple, hier encore martyrisé à loisir. Je pense à ce vaillant peuple palestinien, c'est-à-dire à ces familles atomisées errant de par le monde en quête d'un asile. Courageux, déterminés, stoïques et infatigables, les Palestiniens rappellent à chaque conscience humaine la nécessité et l'obligation morale de respecter les droits d'un peuple : avec leurs frères juifs, ils sont antisionistes.

Aux côtés de mes frères soldats de l'Iran et de l'Irak, qui meurent dans une guerre fratricide et suicidaire, je veux également me sentir proche des camarades du Nicaragua dont les ports sont minés, les villes bombardées et qui, malgré tout, affrontent avec courage et lucidité leur destin. Je souffre avec tous ceux qui, en Amérique latine, souffrent de la mainmise impérialiste. Je veux être aux côtés des peuples afghan et irlandais, aux côtés des peuples de Grenade et de Timor oriental, chacun à la recherche d'un bonheur dicté par la dignité et les lois de sa culture. Je m'élève ici au nom de tous ceux qui cherchent vainement dans quel forum de ce monde ils pourront faire entendre leur voix et la faire prendre en considération, réellement. [...]

Nous voulons être les héritiers de toutes les révolutions du monde, de toutes les luttes de libération des peuples du tiers monde. Nous sommes à l'écoute des grands bouleversements qui ont transformé le monde. Nous tirons des leçons de la révolution américaine, des leçons de sa victoire contre la domination coloniale et les conséquences de cette victoire. Nous faisons nôtre l'affirmation de la doctrine de la non-ingérence des Européens dans les affaires américaines et des Américains dans les affaires européennes. Ce que Monroe clamait en 1823 (« L'Amérique aux Américains »), nous le reprenons en disant « l'Afrique aux Africains », « Le Burkina aux Burkinabè ». La révolution française de 1789, bouleversant les fondements de l'absolutisme, nous a enseigné les droits de l'homme alliés aux droits des peuples à la liberté. La grande révolution d'octobre 1917 a transformé le monde, permis la victoire du prolétariat, ébranlé les assises du capitalisme et rendu possibles les rêves de justice de la Commune française.

[...] Nous allons bientôt fêter le cent cinquantième anniversaire de l'émancipation des esclaves de l'Empire britannique. Ma délégation souscrit à la proposition des pays d'Antigua et de la Barbade de commémorer avec éclat cet événement qui revêt, pour les pays africains et le monde noir, une signification d'une très grande importance. Pour nous, tout ce qui pourra être fait, dit ou organisé à travers le monde au cours des cérémonies commémoratives devra mettre l'accent sur le terrible écot payé par l'Afrique et le monde noir au développement de la civilisation humaine. Ecot payé sans retour et qui explique, sans aucun doute, les raisons de la tragédie d'aujourd'hui sur notre continent.

[...] Nous proposons également que les structures des Nations Unies soient repensées et que soit mis fin à ce scandale que constitue le droit de veto. Bien sûr, les effets pervers de son usage abusif sont atténués par la vigilance de certains de ses détenteurs. Cependant, rien ne justifie ce droit : ni la taille des pays qui le détiennent ni les richesses de ces derniers. [...]. Nous tenons à réaffirmer notre confiance en l'Organisation des Nations Unies. Nous lui sommes redevables du travail fourni par ses agences au Burkina- Faso et de la présence de ces derniers à nos côtés dans les durs moments que nous traversons.« Reconnaître notre présence au sein du tiers monde c'est, pour paraphraser José Marti, « affirmer que nous sentons sur notre joue tout coup donné à n'importe quel homme de ce monde ». Nous avons jusqu'ici tendu l'autre joue. Les gifles ont redoublé. [...]. Il faut proclamer qu'il ne peut y avoir de salut pour nos peuples que si nous tournons radicalement le dos à tous les modèles que tous les charlatans, de même acabit ont essayé de nous vendre vingt ans durant. Il ne saurait y avoir pour nous de salut en dehors de ce refus-là. Pas de développement en dehors de cette rupture.

« [...]. La crainte qui m'habite, c'est de voir les résultats de tant d'énergies confisqués par les « prospéros » en tout genre pour en faire la baguette destinée à nous renvoyer à un monde d'esclavage maquillé au goût de notre temps. Cette crainte se justifie d'autant plus que la petite bourgeoisie africaine diplômée, sinon celle du tiers monde, soit par paresse intellectuelle, soit plus simplement parce qu'ayant goûté au mode de vie occidental, n'est pas prête à renoncer à ses privilèges. De ce fait, elle oublie que toute vraie lutte politique postule un débat théorique rigoureux, et elle refuse l'effort de réflexion pour inventer des concepts nouveaux à la hauteur du combat meurtrier qui nous attend [...]. En ces temps de tempête, nous ne pouvons laisser à nos seuls ennemis d'hier et d'aujourd'hui le monopole de la pensée, de l'imagination et de la créativité. [...]. Certes, nous encourageons l'aide qui nous aide à nous passer de l'aide. Mais en général, la politique d'assistance et d'aide n'a abouti qu'à nous désorganiser, à nous asservir, et à nous déresponsabiliser dans notre espace économique, politique et culturel. Nous avons choisi de nouvelles voies pour être plus heureux. Nous avons choisi de mettre en place de nouvelles techniques. Nous avons choisi de rechercher des formes d'organisation mieux adaptées à notre civilisation, rejetant de manière abrupte et définitive toutes sortes de diktats extérieurs pour créer ainsi les conditions d'une dignité à la hauteur de nos ambitions : refuser l'état de survie, desserrer les pressions, libérer nos campagnes d'un immobilisme médiéval ou de régression, démocratiser notre société, ouvrir les esprits sur un univers de responsabilité collective pour oser inventer l'avenir [...].

4

L'après Burkina-Faso : Révolution Néo-Coloniale

Une révolution sanglante, meurtrière, a mis brusquement fin au Burkina Faso. C'est l'œuvre de la Françafrique, du néocolonialisme et de l'impérialisme occidentaux. Le fondateur du Burkina Faso a été tué et enterré avec son bel idéal. C'est donc le retour triomphal à la Haute-Volta, au statu quo néocolonial et françafricain. La France a repris solidement sa proie, sa colonie voltaïque en main. Et elle n'entend rien céder à personne. L'enfer ou enclos négrier est de retour. Il prospère pour la France et l'Occident. La prédation continue de plus belle manière, après la brève interruption due à la révolution patriotique. Les chiens ont aboyé mais la caravane prédatrice et criminelle est passée. Les caravaniers négriers continuent allègrement leur besogne mafieuse, leur marche macabre, funeste. La Françafrique est vivace, tenace et omniprésente. Elle est omnipotente. Elle emploie tous les moyens pour toujours gagner et prospérer. Les diaboliques accords secrets (pacte colonial) continuent d'être appliqués. Et ils ont encore de très beaux jours devant eux, en Haute-Volta. Cela fait le bonheur croissant et le salut de la France. C'est pour la prospérité, la grandeur et la puissance infinies de la France. Le pays du martyr Thomas

Sankara connaît à présent un nouveau phénomène ou un mal de trop. C'est le terrorisme mercenarial, créature de la mafia franco-occidentale. Le pays de Sankara vit dans et avec la peur, l'angoisse, la menace permanente d'agression et de déstabilisation. Les pions, les gardiens et les gendarmes de la Françafrique le contrôlent, le guettent, le surveillent avec une vigilance très accrue. Ils sont basés dans les pays comme la Côte d'Ivoire, le Mali, la Guinée Conakry, le Niger, le Togo, le Sénégal, le Gabon, le Congo, etc. Attention à la moindre désobéissance, à la moindre trahison, à la moindre résistance, à la moindre révolte ! Car cela peut être fatal. En effet, l'armée française est déjà (et toujours) présente sur le sol africain aux fins de réprimer les contestations et les rébellions contre la France. La France arme lourdement des Africains et les emploient pour faire la guerre et des coups d'Etat à des dirigeants africains. C'est tout ça la Françafrique. Cela a emporté beaucoup de chefs d'Etat africains résistants dont Thomas Sankara, Sékou Touré (Guinée Conakry), Modibo Keïta (Mali), Amilcar Cabral (Guinée Bissau), Patrice Lumumba (RDC), Mobutu Sese Seko (RDC), Laurent Désiré Kabila (RDC), Sylvanus Olympio (Togo), Mouammar Kadhafi (Libye)…La Françafrique est responsable de beaucoup de génocides, de rébellions armées, de guerres civiles, de crises sociales, économiques, financières, de désordre. La révolution néocoloniale se manifeste par l'application obligatoire par les Présidents africains des onze accords secrets du Général De Gaulle.

Nous sommes donc de nouveau en Haute-Volta, même si le nom de Burkina Faso demeure plaqué sur le pays, comme un décor de théâtre, sans sa valeur authentique, sankarienne. C'est comme un simulacre, un fantôme, traduisant une certaine nostalgie patriotique, révolutionnaire. Cela exprime aussi l'espoir et le souhait du peuple « voltaïque » de voir son rêve de sa renaissance et de sa révolution se réaliser un jour, grâce à une réincarnation éventuelle de Thomas Sankara. L'après Burkina Faso c'est la Haute-Volta avec ses anti-valeurs ou vices que Thomas Sankara a essayé de supprimer de toutes ses forces. La Françafrique est-elle une fatalité ?

Devons-nous nous résigner devant les onze accords diaboliques secrets ? Si nous sommes contre ce pacte colonial gaullien, source de tous nos malheurs et de toutes nos souffrances, que devons-nous faire à présent pour changer la donne ? Notre but est d'éveiller les consciences et de créer ainsi une dynamique et une synergie patriotiques qui favoriseront la mobilisation populaire pour la lutte de la libération et de la renaissance africaines. Pourra-t-on ressusciter le Burkina Faso ou créer quelque chose de similaire, de salutaire ? L'après Burkina Faso est fait de néocolonialisme. Le Burkina Faso était la négation du néocolonialisme. Le Burkina Faso était la résistance à l'occupation et à la domination impérialiste franco-occidentale. C'était un état de guerre contre la Françafrique. Dans cet état, le père-fondateur du Burkina Faso, feu Thomas Sankara, refusa d'appliquer les onze accords secrets du néocolonialisme, c'est-à-dire le pacte colonial que le Général de Gaulle fit signer à ses marionnettes ou valets de Présidents africains. Thomas Sankara s'était opposé à cela en vue de libérer et de décoloniser son pays. C'était cela sa révolution patriotique glorieuse et salvatrice. Ce fut un acte de rébellion, d'insurrection, de bravoure et d'héroïsme. Cela a conduit à son assassinat par le système mafieux, occidentalo-françafricain. Cela veut dire que la Françafrique, qui a créé la Haute-Volta, veut maintenir éternellement celle-ci comme sa colonie et ne permet donc point qu'on la lui arrache. Ainsi, après l'assassinat du révolutionnaire indépendantiste et souverainiste Thomas Sankara, plusieurs régimes françafricains et néocoloniaux se sont succédé au pays des hommes intègres jusqu'à ce jour. Il y a eu le régime de Blaise Compaoré, le tombeur de Thomas Sankara, le régime de Rock Christian Kaboré, le régime de Paul-Henri Sandaogo Damiba et, enfin, le régime de Ibrahim Traoré, le tombeur de Sandaogo Damiba.

Ce tout nouveau régime est en train de s'asseoir, de s'organiser. Il est mystérieux. Quelle direction idéologico-politique, géopolitique, géo-économique et géostratégique prendra-t-il in fine ? Telle est la question que se pose tout le monde. Le capitaine

Ibrahim Traoré est présentement l'objet de toutes les curiosités. Son pays continue de porter le très glorieux et flatteur nom de Burkina Faso. Ce très célèbre nom sera-t-il toujours une coquille vide, une étiquette vide de sens, renvoyant à un lion mort ou vivant mais dépourvu de ses crocs, de ses griffes et de sa force au point qu'il ne soit plus effrayant ni dangereux ? Sommes-nous face à un Burkina Faso sans Burkinabè, c'est-à-dire sans peuple ni leaders révolutionnaires, charismatiques, sankaristes ? La population de ce pays n'a pas encore oublié Thomas Sankara. Elle réclame le retour de la révolution sankarienne. Elle veut un Sankara bis. Elle est orpheline très frustrée, aigrie, inconsolable. Dans cette dynamique, un garçonnet a réussi à abattre un drone de l'armée néocoloniale et impérialiste française avec une lance-pierre en 2021. Quelle force patriotique ! Quelle exemplarité patriotique ! Quel courage juvénile ! Quel héroïsme de la part d'un gamin guerrier ! Ce héros de Kaya se nomme Aliou Sawadogo. Il a 14 ans. Il est un symbole fort, inspirant et galvanisant. Il est un pur et excellent produit (parmi des millions d'autres) de la grande et puissante école patriotique de Thomas Sankara.

La population a faim et soif de la révolution sankarienne. Ah le bon vieux temps ! Nous sommes tous nostalgiques de ce bon vieux temps du sankarisme où l'on criait à tue-tête : « La patrie ou la mort, nous vaincrons ! ». Ce slogan (ou devise nationale) nous a galvanisés, conscientisés, mobilisés. Cela a mis le pays sur la voie de la renaissance, du progrès tous azimuts, du développement quantitatif et qualitatif (intégrité, loyauté, patriotisme). Les gens ont rêvé. Aujourd'hui, ils souhaitent la venue d'un nouveau messie, sauveur, rédempteur de la qualité de Thomas Sankara. Telle est la situation générale actuelle du Burkina Faso. Le très cher messie ou héros sauveur attendu, le Sankara bis, est-il enfin arrivé ? Est-ce le capitaine (lui aussi capitaine comme Sankara) Ibrahim Traoré ? Ce dernier incarne-t-il cet espoir populaire, national ? Le capitaine Ibrahim Traoré est-il la réincarnation de Thomas Isidore Noël Sankara, Président intrépide, sans peur ni reproche ? Son

Excellence Président Ibrahim Traore pourra-t-il poser des actes patriotiques, héroïques, exemplaires, pour la décolonisation réelle, l'indépendance réelle, la souveraineté réelle, l'émancipation réelle, l'autodétermination authentique, la libération totale, le bonheur, la prospérité, le salut, la dignité, la paix et la sécurité de son peuple ? Réussira-t-il à vaincre la Françafrique (les onze accords secrets ou pacte colonial) et tous les prédateurs impérialistes, néocolonialistes et néo-esclavagistes ? Il le faut bien et absolument. C'est son devoir régalien et patriotique étant Président d'un pays au sous-sol immensément riche qui revendique la paix, la justice, la sécurité, la liberté, l'égalité, la fraternité, le bonheur avec le monde entier (un monde multipolaire). Le Capitaine Président Ibrahim Traoré doit suivre le chemin tracé par ses illustres devanciers ou héros-martyrs comme Thomas Sankara, Assimi Goïta, Mamadi Doumbouya, Faustin Archange Touadera, Sékou Touré, Modibo Keïta, Kwame Nkrumah, Mouammar Kadhafi, Sylvanus Olympio…Le capitaine Ibrahim Traoré doit savoir que le combat à amener est un combat global, panafricain et planétaire de nature complexe. Ce combat est à la fois géopolitique, géo-économique, géostratégique, géoculturel et géo-civilisationnel. Ce n'est pas un jeu d'enfant. Loin de là. Ce combat multiforme traduit les dualités bien-mal, Dieu-Satan, vérité-mensonge, civilisation-barbarie, bourreau-victime etc. Bref, c'est le combat éternel entre la lumière et les ténèbres, entre les forces positives et les forces négatives, diaboliques. C'est le combat que doit mener toute l'Afrique envahie, pillée, volée, dominée, massacrée contre ses bourreaux occidentaux et leurs relais africains ou chevaux de Troie (OTAN, Union européenne, ONU, Françafrique, CEDEAO). C'est une question de vie ou de mort. L'Afrique a le dos au mur. Elle ne peut faire autrement que de se battre pour se libérer, se défendre et renaître de ses cendres. La patrie ou la mort (sankarisme).

Face à la géopolitique internationale, les pays africains doivent s'unir et former une grande force ou puissance continentale. La création des Etats unis d'Afrique est une nécessité vitale, impérieuse à l'heure actuelle. Les patriotes africains ou panafricanistes militaires doivent prendre le pouvoir partout, en Afrique. Ils doivent fusionner nos micro-Etats faibles et impuissants géopolitiquement, géo-culturellement, géo-économiquement, géo-militairement en se dotant de l'arme nucléaire comme la Corée du nord. Les pays africains en voie de libération (grâce à leur révolution) comme le Mali du Président Assimi Goïta, la Guinée Conakry du Président Mamadi Doumbouya, le Burkina Faso du Président Ibrahim Traoré et la Centrafrique du Président Archange Faustin Touadera doivent immédiatement s'unir et former le noyau de la future fédération panafricaine. Tous les peuples africains intelligents, honnêtes, courageux et responsables doivent soutenir cette idée salvatrice. Cela constitue notre première arme nucléaire et salutaire face à nos bourreaux et à nos prédateurs impénitents que sont les puissances impérialistes de l'Occident. Seule l'union fédérale africaine sacrée constituée par le Mali, le Burkina Faso, la Guinée Conakry et la Centrafrique pourra sauver l'Afrique. Elle permettra de venir à bout de l'impérialisme, du néocolonialisme et du néo-esclavagisme. Elle permettra de réaliser le beau rêve porté par nos martyrs et nos héros précités. Elle permettra d'honorer leur mémoire et de les venger. Nous devons continuer et achever leur noble et glorieux combat maâtique, axiologique d'humanisation, de civilisation et de moralisation des peuples barbares, sauvages et psychiquement malades. Il s'agit de tous les peuples qui ne veulent vivre que du mal, des crimes, de la prédation, de l'agression et de la conquête militaire des autres peuples.

Créons l'école de la vie civilisée, heureuse, pacifique, sécurisée, équilibrée, harmonieuse pour l'humanité. Nous, Africains, avons le sacré devoir de contribuer à l'avènement du monde multipolaire pour tous les peuples de la terre qui sont épris de justice, de liberté, de paix, de sécurité, de bonheur, d'égalité, de fraternité, d'harmonie, d'équilibre dans le monde. Nous devons contribuer à la lutte salvatrice des pays sages, civilisés face aux pays impérialistes, barbares qui pratiquent des assassinats, la prédation, le pillage, le vol, le mensonge, la guerre, la violence tous azimuts. A bas l'oligarchie et la ploutocratie génocidaires ! Peuples et prolétaires du monde entier, réveillez-vous, levez-vous et battez-vous pour défendre la vie, l'humanité, la civilisation. Ces valeurs sont très sacrées. Elles ne doivent point disparaître par la faute (et sous l'action) des mondialistes, des satanistes, des ploutocrates, des oligarques, des capitalistes monstrueux, diaboliques. Vive le Burkina Faso ! Excellence Président Ibrahim Traoré, vous êtes face à un choix. Nous vous exhortons vivement à choisir le bon camp, c'est-à-dire le camp du bien et de la sagesse. L'Afrique ou la mort. L'humanité ou la mort. La civilisation ou la mort. Excellence Président, vous avez dit : « Notre lutte ne s'arrêtera que lorsque tous les enfants du Burkina Faso mangeront à leur faim et dormiront tranquillement dans leur pays ». Cela nous réjouit beaucoup et nous donne l'espoir. Vous avez choisi le camp de la morale, de l'humanisme et de la civilisation. Vous préférez donc le bien et vous condamnez le mal. Bravo ! Vous avez raison. La fin de la politique est le bien et le bonheur des peuples. La politique est une activité essentiellement morale et humaniste. Votre discours est plein de sens. Il est philosophique, patriotique, moral et humaniste. Vous êtes Aristotélicien. Nous vous soutenons totalement et absolument. Vous êtes dans la sagesse ascétique.

Conclusion

Ce travail a mis en lumière le pays qui s'appelle actuellement le Burkina Faso. Nous avons montré comment la vie y était organisée et gérée collectivement, comment ses habitants se gouvernaient avant leur colonisation par la France. Plus tard, ce pays fut transformé en Haute-Volta. Il devint une colonie puis un Etat-nation, un Etat unitaire, jacobin, centralisé, soumis à la France (province, enclos colonial). Là-dedans, la France esclavagiste, colonialiste et impérialiste se permettait tout. Elle agissait en maîtresse absolue. Elle avait droit de vie et de mort sur les populations devenues voltaïques. Il n'y avait pas de droits humains pour les esclaves ou colonisés qui ont été baptisés Voltaïques. Ces derniers (comme tous les colonisés-esclavagisés d'Afrique) étaient dominés, opprimés, exploités, humiliés, maltraités (voir les travaux forcés). Cette longue occidentalisation (balkanisation, colonisation) appelée la Françafrique a fini par provoquer l'indignation chez les Voltaïques. Il y a eu alors la révolution patriotique voltaïque. Celle-ci fut organisée et dirigée par le capitaine Thomas Sankara, un marxiste-léniniste fougueux. Ce révolutionnaire créa le concept de Burkina Faso. Cela était son arme idéologique pour conscientiser, galvaniser, mobiliser et rassembler ses compatriotes autour d'un idéal moral, humaniste et patriotique. Ainsi ce stratège et tacticien lança le combat national de la libération, de la dignité, du développement général et de la déconstruction de la Haute-Volta. Il entreprit la création d'une société de justice, d'égalité, de paix, de liberté, de bonheur, de fraternité, d'intégrité morale. Il voulait un pays nouveau avec des compatriotes exemplaires, intègres et épanouis d'où l'appellation de Burkina Faso. Ce projet de société idéale a séduit et enthousiasmé les jeunes africains. Ces derniers y ont trouvé une raison d'espérer un futur lumineux et meilleur pour l'Afrique. Le Burkina Faso leur a inculqué la ferveur et la passion patriotiques. Tous étaient devenus des fanatiques du capitaine révolutionnaire dont le charisme et l'éloquence étaient irrésistibles. Cela a mis la France très mal à l'aise, voire en "danger ».

Le Burkina Faso (comme révolution patriotique) devint une école politico- idéologique pour les jeunes africains qui y trouvèrent leur modèle exemplaire. C'était une bombe qui visait à pulvériser l'impérialisme et le néocolonialisme occidentaux en Afrique. La devise-slogan du Burkina Faso en dit long : « A bas l'impérialisme ! A bas le néocolonialisme ! La patrie ou la mort, nous vaincrons ! ». Le calvaire de la Françafrique dura quatre années. Puis le régime burkinabè fut assommé mortellement par le complot françafricain. Nous assistons aujourd'hui au retour triomphal du système impérialiste et néocolonialiste français. Cela consiste dans l'application forcenée et systématique des onze accords secrets et criminels appelés le pacte colonial. Nous sommes donc de nouveau en Haute-Volta.

Le plus grand ennemi qui est en face du capitaine Ibrahim Traoré s'appelle la charte de l'impérialisme. Il est invisible et complexe. C'est un texte satanique. Il est monstrueux. C'est incroyable mais vrai. C'est cet ennemi qui nous gouverne et nous dévore jusqu'à présent. Voici comment il se présente à nous.

I. DISPOSITION GENERALE

Article 1:

De la Devise : Devise de l'impérialisme : Gouverner le monde et contrôler les richesses de la planète ; notre politique est de diviser pour mieux régner, dominer, exploiter et piller pour remplir nos banques et faire d'elles les plus puissantes du monde.

Article 2:

Aucun pays du tiers-monde ne constitue un Etat souverain et indépendant.

Article 3:

Tout pouvoir dans les pays du tiers-monde émane de nous, qui l'exerçons par la pression sur les dirigeants qui ne sont que nos marionnettes. Aucun organe du tiers-monde ne peut s'en attribuer l'exercice.

Article 4:

Tous les pays du tiers-monde sont divisibles et leurs frontières déplaçables selon notre volonté. Le respect de l'intégrité territoriale n'existe pas pour le tiers-monde.

Article 5:

Tous les dictateurs doivent mettre leurs fortunes dans nos banques pour la sécurité de nos intérêts. Cette fortune servira des dons et crédits accordés par nous comme assistance et aide au développement pour les pays du tiers-monde.

II. DU REGIME POLITIQUE

Article 6 :

Tout pouvoir et gouvernement établi par nous est légal, légitime et démocratique. Mais tout autre pouvoir ou gouvernement qui n'émane pas de nous est illégal, illégitime et dictatorial, quelle que soit sa forme ou sa légitimité.

Article 7:

Tout pouvoir qui oppose la moindre résistance à nos injonctions perd par le fait même sa légalité, sa légitimité et sa crédibilité. Il doit disparaître.

III. DES TRAITES ET DES ACCORDS

Article 8:

On ne négocie pas les accords et les contrats avec les pays du tiers-monde, on leur impose ce qu'on veut et ils subissent notre volonté.

Article 9:

Tout accord conclu avec un autre pays ou une négociation sans notre aval est nulle et de nul effet.

IV. DES DROITS FONDAMENTAUX

Article 10:

Là où il y a nos intérêts, les pays du tiers-monde n'ont pas de droit; dans les pays du sud, nos intérêts passent avant la loi et le droit international.

Article 11:

La liberté d'expression, la liberté d'association et les droits de l'homme n'ont pas de sens dans le pays où les dirigeants s'opposent à notre volonté.

Article 12:

Les peuples du tiers-monde n'ont pas d'opinion ni de droit, ils subissent notre loi et notre droit.

Article 13:

Les pays du tiers-monde n'ont ni culture ni civilisation sans se référer à la civilisation occidentale.

Article 14:

On ne parle pas de génocide, de massacre ni des « crimes de guerre » ou des « crimes contre l'humanité » dans les pays où nos intérêts sont garantis. Même si le nombre des victimes est très important.

V. DES FINANCES PUBLIQUES

Article 15:

Dans les pays du tiers-monde, nul n'a le droit de mettre dans ses banques qu'un plafond d'argent fixé par nous. Lorsque la fortune dépasse le plafond, on la dépose dans l'une de nos banques pour que les bénéfices retournent sous forme des prêts ou d'aide économique au développement en espèce ou en nature.

Article 16:

N'auront droit à l' aide précitée que les pays dont les dirigeants font preuve d'une soumission totale à nous, nos marionnettes et nos valets.

Article 17:

Notre aide doit être accompagnée des recommandations fortes de nature à empêcher et briser toute action de développement des pays du tiers-monde.

VI. DES TRAITES MILITAIRES

Article 18:

Nos armées doivent être toujours plus fortes et plus puissantes que les armées des pays du tiers-monde. La limitation et l'interdiction d'armes de destruction massive ne nous concerne pas, mais les autres.

Article 19:

Nos armées doivent s'entraider et s'unir dans la guerre contre l'armée d'un pays faible pour afficher notre suprématie et se faire craindre par les pays du tiers-monde.

Article 20:

Toute intervention militaire a pour objectif de protéger nos intérêts et ceux de nos valets.

Article 21:

Toute opération d'évacuation des ressortissants des pays occidentaux cache notre mission réelle, celle de protéger nos intérêts et ceux de nos valets.

VII. ACCORDS INTERNATIONAUX

Article 22:

L'ONU est notre instrument, nous devons l'utiliser contre nos ennemis et les pays du tiers-monde pour protéger nos intérêts.

Article 23:

Notre objectif est de déstabiliser et détruire les régimes qui nous sont hostiles et installer nos marionnettes sous la protection de nos militaires sous la couverture des mandats des forces de l' « ONU ».

Article 24:

Les résolutions de l' « ONU » sont des textes qui nous donnent le droit et les moyens de frapper, de tuer et de détruire les pays dont les dirigeants et les peuples refusent de se soumettre à nos injonctions sous la couverture des résolutions du Conseil de Sécurité de l' « ONU ».

Article 25:

Notre devoir est de maintenir l'Afrique et d'autres pays du monde dans le sous-développement, la misère, la division, les guerres, le chaos pour bien les dominer, les exploiter et les piller à travers les « Missions » des « Nations-Unies ».

Article 26:

Notre règle d'or est la liquidation physique des leaders et dirigeants nationalistes du tiers-monde.

Article 27:

Les lois, les résolutions, les cours et tribunaux des « Nations-Unies » sont nos instruments de pression contre les dirigeants et les leaders des pays qui défendent les intérêts de leurs peuples.

Article 28:

Les dirigeants des puissances occidentales ne peuvent être poursuivis, arrêtés ni incarcérés par les cours et tribunaux de l'« ONU », même s'ils commettent des « crimes de guerre », des « génocides » ou des « crimes contre l'humanité ».

Tout cela est vécu réellement et quotidiennement en Afrique et ailleurs, dans le monde. C'est la loi du plus fort, du plus puissant, du prédateur armé d'armes nucléaires. C'est le monde unipolaire des oligarques, des ploutocrates, des capitalistes cyniques. C'est le fait du gouvernement mondial invisible qui est présentement si combattu par l'ensemble de ses victimes ou esclaves. Vivement donc le monde multipolaire ! Honneur, gloire et force à vous qui combattez pour ce nouveau monde !

Résumé du livre

Ce livre est un condensé de l'histoire politico-philosophique du Burkina Faso et une projection sur l'avenir de ce pays. C'est un livre de chevet, un vademecum ou un viatique pour les chercheurs, les penseurs et les politiciens. En parlant du Burkina Faso, il parle en même temps de tous les pays africains. En soulignant la mission régalienne du Président Ibrahim Traoré, il souligne de facto la mission régalienne de tous les Présidents africains.

Biographie De L'auteur

François Adja Assemien est né le 15 mars 1954 en Côte d'Ivoire. Il a étudié les lettres classiques (latin et grec), les sciences humaines et la philosophie. Diplômé en philosophie (Doctorat d'Etat) et en sociologie (Licence), il s'est consacré à l'enseignement de la philosophie à l'université, à l'écriture et à la recherche académique. Il parle et écrit trois langues vivantes que sont le français, l'anglais et l'allemand. Il est auteur de plusieurs ouvrages publiés en Europe et en Amérique (romans, essais, contes, pièces théâtrales) et de plusieurs concepts : afrocratisme, paysanocratie, afrocratie, conscience africaine, philocure, sidarologie, philosophie de l'esprit africain, philosophie du développement personnel, l'homme supérieur, l'homme inférieur, supériorisme, volontisme, valorisme, visionnarisme, afrocratie.

Il est également artiste musicien, compositeur, chanteur, guitariste. Il est animateur d'une radio communautaire (« Afrique 2050 » ou « Radio Jacques Roger Show » basée à Washington DC). Il vit aux Etats-Unis d'Amérique.

www.ingramcontent.com/pod-product-compliance
Ingram Content Group UK Ltd.
Pitfield, Milton Keynes, MK11 3LW, UK
UKHW041956230426
12048UKWH00008B/381